Bibliografische Information der Deutschen Nationalbibliothek:

Die Deutsche Bibliothek verzeichnet diese Publikation in der Deutschen National-
bibliografie; detaillierte bibliografische Daten sind im Internet über http://dnb.d-
nb.de/ abrufbar.

Impressum:

Copyright © 2016 GRIN Verlag, Open Publishing GmbH
Druck und Bindung: Books on Demand GmbH, Norderstedt Germany
ISBN: 9783668415072

Dieses Buch bei GRIN:

http://www.grin.com/de/e-book/355004/verbesserung-der-usability-einer-software-
durch-eine-simulationsphase-vor

Christoph Kraft

Verbesserung der Usability einer Software durch eine Simulationsphase vor der Markteinführung

GRIN Verlag

Verbesserung der Usability einer Software durch eine Simulationsphase vor der Markteinführung

Assignment

Modul SQF61
im Studiengang Technisches Management (M.Sc.)
AKAD Hochschule Stuttgart

Datum: 15. Januar 2017

Vorgelegt von: Christoph Kraft

Inhaltsverzeichnis

Abkürzungsverzeichnis

Abb.   Abbildung

bzw.   beziehungsweise

DIN   Deutsche Industrienorm

EN   Europäische Norm

ISO   International Organization for Standardization
              (Internationale Organisation für Normung)

IT   Informationstechnologie

o.V.   ohne Verfasser

PC   Personal Computer (Einzelplatzrechner)

uvw.   und viele weitere

Vgl.   Vergleiche

z.B.   zum Beispiel

1 Einleitung

Kaum eine Technologie hat das Leben der Menschen in den letzten Dekaden so sehr verändert wie die Informationstechnologie. Ob in der Berufswelt oder im Privatleben. Handys, Tablets und Laptops sind in kürzester Zeit zu Alltagsgegenständen geworden und der Markt wächst weiter.

Abbildung für die Veröffentlichung entfernt.

Abbildung 1.1: Verwendung von Handy, Laptop und Tablet[1]

Der Digitalverband Bitkom prognostizierte in Deutschland für das Jahr 2016 ein überdurchschnittliches Wachstum des Jahresumsatzes auf 83,5 Milliarden Euro. Im Vergleich zum Vorjahr ist das ein Anstieg von 3,0%.[2]

1.1 Problemstellung

In der Energietechnik, der Medizintechnik, aber auch in vielen anderen Branchen, versuchen sich Softwareunternehmen mit ihren entwickelten Lösungen gegen eine Vielzahl von Mitbewerbern durchzusetzen.[3] Der von Jahr zu Jahr zunehmende Jahresumsatz lässt vermuten, dass dies in nächster Zeit auch nicht weniger werden wird. Vielmehr werden wohl immer mehr Branchenpioniere einen Vorstoß wagen. Eines der erfolgsentscheidensten Durchsetzungskriterien hierbei ist, neben der Funktionalität, die sogenannte Usability. Sie muss für ihre Benutzer leicht verständlich und schnell gebrauchbar sein, damit auch Kunden, die

---

[1]Vgl. o.V., www.sphone.de [Stand: 13.01.16]
[2]Vgl. o.V., www.finanznachrichten.de [Stand: 06.12.16]
[3]Vgl. o.V., www.beuth.de [Stand: 14.12.16]

nicht tief in der IT stecken, sich zurechtfinden.[4] Für das Unternehmen ist es wichtig, dass nicht nur die bereits genannten Anforderungen an die Usability erfüllt werden, sondern auch, dass die Erfüllung der Anfordung besser ist, als die des Konkurrenzproduktes.

1.2 Zielsetzung

Ziel von diesem Assignement ist zum Einen, dem Leser den Begriff Usability näher zu bringen, zum Anderen soll im Rahmen eines Szenarios, bei dem ein Softwareunternehmen mitten in der Entwicklung einer neuen Software stekt, ein empirisches Forschungsprojekt zur Überprüfung der Usability aufesetzt wird, das sich aus Planung, Durchführung und der anschließenden sachgerechten Auswertung der IST-Daten zusammensetzt. Durch dieses Forschungsprojekt will sich das Unternehmen Aufschluss darüber verschaffen können, ob es noch Änderungen an der Usability vornehmen muss, um den Erfolg des Produktes nicht zu gefährden.

1.3 Struktur der Arbeit

In diesem Assignment werden zunächst die Grundlagen der Usability erläutert. Dabei wird im Besonderen auf die Ansprüche bzw. die Anforderungen an die Usability eingegangen. Anschließend wird das Empirische Forschungsprojekt anhand von Forschungsplanung und Forschungsdurchführung erklärt. Der Verfasser dieses Assignments arbeitet in einem Unternehmen, das medizinische Befundungs-Software entwickelt, daher wird sich des öfteren an die Software-Entwicklung in der Medizin angelehnt. Jedoch auch nur dann, wenn Thesen durch Branchen-Beispiele erklärt werden. Das Assignment wird mit einer zusammenfassenden Bewertung abgeschlossen.

---

[4]Vgl. o.V., www.omkt.de [Stand: 27.12.16]

2 Usability / Grundlagen

2.1 Definition der Usability

Die sogenannte Usability spielt immer dann eine relevante Rolle, wenn ein Mensch mit einem technischen Produkt interagiert. Wobei eine gute Usability meist nie wirklich wahrgenommen wird. Ganz im Gegensatz zu einer Schlechten.[5] Sie führt zu Verwirrung und Frust bei Kunden und einem erhöhten Serviceaufwand für die Firma. Beste Beispiele hierfür sind zu groß oder zu klein gewählte Schriftgrößen, die Ladezeit nach der Betätigung eines Feldes oder die Navigation durch die verschiedenen Reiter einer Software.

Der Begriff Usability lässt sich mit Gebrauchstauglichkeit, Nutzbarkeit, aber wohl am Besten mit Benutzerfreundlichkeit übersetzen.[6] Sie steht in einem sehr engen Zusammenhang mit der softwarebezogenen Ergonomie, welche die Anpassung von Softwarelösungen an die psychischen und physischen Fähigkeiten von Menschen beschreibt.[7] [8]

2.2 Ansprüche an die Usability

Abbildung 2.1: Usability Leitkriterien[9]

---

[5]Vgl. o.V., www.usability.de [Stand: 05.01.16]

[6]Vgl. o.V., www.mathematik.uni-ulm.de [Stand: 02.01.16]

[7]Vgl. o.V., www.wirtschaftslexikon.gabler.de [Stand: 03.01.16]

[8]Vgl. o.V., www.gruendersze.de [Stand: 05.01.16]

[9]Eigene Darstellung

Für die Gebrauchstauglichkeit einer Software werden im 11.Teil der DIN EN ISO 9241 die drei Leitkriterien **Effektivität, Effizienz und Zufriedenheit** bestimmt.[10] Diese werden in Abb. 2.1 durch ein Cluster-Schema dargestellt. Es ist zu erkennen, dass alle drei Cluster dieselbe Größe haben. Die Größe soll hierbei die Gewichtung der Kriterien wiederspiegeln. Die Wahl von gleichgroßen Clustern dient nur als Beispiel. Je nach Interessen und Zielen des Produktmanagements der Software werden die einzelnen Kriterien verschieden priorisiert und gewichtet. Außerdem wurden die Cluster, rund um die Usability, durch graue Linien verbunden, da alle drei miteinander verbunden sind.

2.2.1 Effektivität zur Lösung einer Aufgabe

Unter **Effektivität** versteht man, ob der Anwender des Produktes, also der Software sein Ziel oder seine Ziele erreichen kann.[11] Verfolgt z.B. ein Mitarbeiter des Pflegepersonals im Krankenhaus das Ziel die digitale Akte eines Patienten anzulegen oder aufzurufen, so gilt der Vorgang als effektiv, wenn die Akte mit allen Daten, Befunden, Bildern und Videos des Patienten dargestellt wird.

2.2.2 Effizienz der Handhabung des Systems

Beim Kriterium **Effektivität** ist nicht relevant wie hoch der Aufwand für das Erreichen des Ziels ist, denn dieser wird durch die **Effizienz** wiedergespiegelt.[12] Liegen die Daten und Befunde beim Eintreffen des Patienten im Krankenhaus bereits vor, weil er vorher schonmal behandelt wurde, so ist es nicht effizient, wenn der Patient neu angelegt werden muss. Eine simple Abfrage von Namen und dem Geburtsdatum des Patienten über eine Suchfunktion vereinfachen den Ablauf. Beim Erscheinen von mehreren Ergebnissen, können die Suchkriterien erweitert werden. Ein Prozess, der unter dem **Effizienz**-Kriterium der Usability-Norm durchaus als akzeptabel angesehen werden kann. Noch einfacher wäre es natürlich den Patienten über die Mitgliedsnummer der jeweiligen Krankenkasse zu identifizieren.

---

[10]Vgl. o.V., www.wikipedia.org [Stand: 05.01.16]
[11]Vgl. Heinsen, Sven; Vogt, Petra (Hrsg.) (2003) S. 3 ff
[12]Vgl. Heinsen, Sven; Vogt, Petra (Hrsg.) (2003) S. 3 ff

2.2.3 Zufriedenheit der Nutzer einer Software

Ob sich die Benutzer beim Anwenden der Software wohlfühlen, spiegelt sich in der Zufriedenheit wieder. Sie wird oft auch mit dem, aus dem Englischen stammenden, Begriff „joy of use" angegeben.[13] Durch die Erfahrung, auch „User Experience" genannt, die ein Benutzer beim Anwenden des Produktes macht, soll geklärt werden, ob der Prozess frustrierend oder erfreulich bzw. zufriedenstellend für ihn ist.[14] Letzteres kann durch ein hohes Maß an Effektivität und/oder Effizienz erreicht werden. Das Kriterium Zufriedenheit zeigt also, dass es in der Usability nicht nur darum geht, möglichst effiziente Produkte zu entwickeln.

2.2.4 Nutzungskontext

Obwohl die oben genannten Kriterien das Fundament der Usability bilden, stellt sich bei genauerer Betrachtung heraus, dass sie laut DIN ISO 9241-11 nur für ein bestimmtes weiteres Kriterium gelten. Dem Nutzungskontext.[15] Erst wenn die Kriterien Effektivität, Effizienz und Zufriedenheit fur einen bestimmten Nutzungskontext in einer Software oder einem anderen Produkt erfüllt sind, kann man von einem benutzerfreundlichen Produkt sprechen.

Im Nutzungskontext werden die folgenden Elemente deklariert:

- **Benutzer:** Benutzer sind die Personen, die das Produkt anwenden wollen.[16] Hier geht die Skala von solchen, die gar keinen Bezug zur IT haben, über die, die eine gewisse IT-Affinität mitbringen, bis hin zu denen, die man als Experten bezeichnen kann. Auch andere Fähigkeiten und sogar physische Merkmale sind relevant.

- **Aufgaben:** Aufgaben sind detailliert zu beschreiben. Es handelt sich dabei um die Ziele, die die Benutzer mit dem Produkt erreichen wollen.[17] Es ist z.B. ein Unterschied ob man sich in dem Produkt eine Datenbank nur anzeigen lassen möchte oder ob man Änderungen und Einträge in ihr vornehmen mochte. Auch die Dauer einer Tätigkeit

---

[13]Vgl. Heinsen, Sven; Vogt, Petra (Hrsg.) (2003) S. 3 ff
[14]Vgl. o.V., www.usability-umsetzen.de [Stand: 05.01.16]
[15]Vgl. o.V., www.wikipedia.org [Stand: 05.01.16]
[16]Vgl. o.V., www.webkrauts.de [Stand: 08.01.16]
[17]Vgl. Heinsen, Sven; Vogt, Petra (Hrsg.) (2003) S. 3 ff

ist entscheidend.

- **Arbeitsmittel:** Bei den Arbeitsmitteln handelt es sich um das Gerät auf dem die Software laufen soll und die Software ansich.[18] Geräte können PCs, Laptops oder Tablets sein. Wichtig ist auch das Betriebssystem, das auf den Geräten läuft und die mit den Geräten verbundene Hardware. Bei der Software gibt es meist verschiedene Versionsstände. Entscheidend ist hierbei welche Version mit welchen anderen Arbeitsmitteln kompatibel ist. Im idealfall ändert sich die Kompatibilität der Versionen nicht.

- **Umgebung:** Wenn im Rahmen der Usability von der Umgebung gesprochen wird, dann sind die Bedingungen des Arbeitsplatzes gemeint, unter denen der Anwender mit dem Produkt arbeiten muss.[19]Sitzt man wie üblich vor dem PC oder befindet man sich in einem Operationssaal. Ist es leise wie in einem normalen Arbeitszimmer oder laut wie in einer Fabrikhalle.

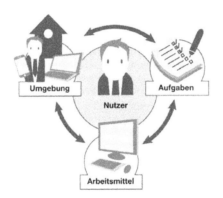

Abbildung 2.2: Elemente des Nutzungskontext[20]

Abb. 2.2 soll den Nutzungskontext eines Systems darstellen. Im Zentrum der Darstellung ist der Benutzer. Um ihn herum sind die restlichen Elemente des Nutzungskontext abgebildet. Alle stehen in Relation zueinander.

---

[18]Vgl. Heinsen, Sven; Vogt, Petra (Hrsg.) (2003) S. 3 ff
[19]Vgl. Heinsen, Sven; Vogt, Petra (Hrsg.) (2003) S. 3 ff
[20]Eigene Darstellung

3 Empirisches Forschungsprojekt

Unter der empirischen Wissenschaft versteht man das Sammeln von Daten oder Erfahrungen und das Ziel, Aussagen über die Realität treffen zu können. Letzteres erreicht man indem, durch Anwendung von verschiedenen Methoden, Techniken und Instrumenten in einem Forschungsprojekt, wissenschaftlich korrekte Untersuchungen des menschlichen Verhaltens durchgeführt werden. Diese werden dann wiederrum durch Experimente überprüft.[21] Da es für ein Forschungsprojekt keine ideale Lösung gibt, ist es zwingend erforderlich sich mit dem Produkt bestens auszukennen und gründlich vorzugehen. Gründlich bedeutet, sich intensiv mit dem Forschungsdesign und der Forschungsdurchführung zu beschäftigen.[22] Im Folgenden wird ein Forschungsprojekt kreiert, mit dessen Hilfe ermittelt werden soll wie zufrieden potentielle Benutzer mit der Usability der Software sind.

3.1 Forschungsplanung

Es wurde bereits erwähnt, dass es für ein Forschungsprojekt keine ideale Lösung gibt. Für jede Thematik muss also ein individueller Forschungsplan entwickelt werden, welcher sich in mehrere Phasen unterteilt. In der ersten Phasen wird das Forschungsdesign festgelegt. In diesem Schritt werden die Fragen bzgl. des Forschungsproblems analysiert und adäquate Erhebungsinstrumente entwickelt.[23]

---

[21]Vgl. Häder (2010) S.20
[22]Vgl. Kromrey, Helmut (2009) S. 67
[23]Vgl. Kromrey, Helmut (2009) S. 79.

3.1.1 Wahl des Forschungsdesigns

Obwohl jedes Forschungsprojekt individuell betrachtet wird, gibt es trotzdem einige Designtypen an denen man sich orientieren kann und auch sollte, um unnötige Einflussfaktoren auszuschließen. Welches Design dabei am Ende entsteht, entscheiden die folgenden Kriterien:

- **Forschungsansatz - deskriptiv oder explanativ**

  Der deskriptive Forschungsansatz, beschreibt und diagnostiziert eine einzige These. Sie kann z.b. mithilfe der Längsschnittuntersuchung untersucht werden. Damit ist gemeint, dass die Gewinnung von Zwischenergebnissen mehrmals über einen längeren Zeitraum repetitiv durchgeführt wird.[24] Nach jedem neuen Feedback wird wieder etwas an der Software verbessert. Der Zeitraum erstreckt sich meist bis zu dem Punkt an dem das Produkt als erfolgreich gilt. Dieses Vorgehen bezeichnet man auch als Ägile Software-Entwicklung.[25] Bei einem explanativen Ansatz hingegen werden mehre Thesen gegenübergestellt, um zu ermitteln welche tatsächlich zutrifft. Man spricht hierbei auch von einem „Hypothesenprüfenden Ansatz"[26].

- **Untersuchungstyp - qualitativ oder quantitativ**

  Bei einer quantitativen Untersuchung wird mit Hilfe von statistischen Methoden eine Vielzahl von Daten erhoben und ausgewertet. Demgegenüber werden bei der qualitativen Untersuchung deutlich weniger Daten erfasst, da sie durch Befragung und Beobachtung zustande kommen und einige wenige schon genügen um eine qualitative Aussage über die Daten machen zu können. Die klaren Definitionen der quantitativen und qualitativen Untersuchungen bedeuten jedoch nicht, dass es nicht auch eine „Zwischenlösung" geben kann. Je nachdem wie das Szenario es fordert, wird die Wahl getroffen.[27]

---

[24]Vgl. o.V., www.lexikon.stangl.eu [Stand: 08.01.16]
[25]Vgl. Wolf, Henning (2011) S. 33ff.
[26]Vgl. o.V., www.lexikon.stangl.eu[Stand: 08.01.16]
[27]Vgl. Häder, Michael (2010) S. 66 ff

- **Untersuchungsgegenstand - dynamisch oder statisch**

  Zu guter Letzt muss noch entschieden werden, ob es sich bei dem Untersuchungsgegenstand um einen Dynamischen oder einen Statischen handelt. Im Gegensatz zum Untersuchungstyp, bei dem wie bereits erwähnt auch eine Zwischenlösung gewählt werden kann, muss man sich beim Untersuchungsgegenstand für eine Idee entscheiden. Bei einem dynamischen Untersuchungsgegenstand redet man von der Beobachtung über einen Zeitraum. Bei dem statischen Gegenstand hingegen von einem Zeitpunkt. Oft ist es nicht leicht zu erkennen, ob es sich bei dem zu beobachtenden Produkt um ein Dynamisches oder Statisches handelt. Der Vorteil ist bei der Problematik in solchen Fällen, das meistens Beides akzeptabel ist.

3.1.2 Wahl der Testpersonen

Der Test kann noch so gut ausgearbeitet sein, das Ergebnis wird nur so gut sein, wie die ihre Testpersonen. Daher sollte bei der Wahl der Personen darauf geachtet werden, dass die Personen auch geeignet für die Studie sind. Es dürfen keine Mitarbeiter der Firma sein, die die Software entwickelt. Auch Verwandte und Freunde sollten nicht gewählt werden, da sie ja schon einmal etwas Negatives oder auch Positives über das Produkt gehört haben könnten und dies das Urteilungsvermögen beeinträchtigen würde.[28] Um die geeigneten Personen zu finden, sollte man zu allererst eine Zielgruppe festgelegen, für die das Produkt in Frage kommt. In dieser Zielgruppe werden verschiedene Daten, Eigenschaften und Fähigkeiten der Personen deklariert:

- **Alter**
- **Geschlecht**
- **Erfahrung**
- **Hobbys**

- **EDV-Kenntnisse**
- **Ausbildung**
- **Sprachkenntnisse**
- **uvw.**

---

[28]Vgl. o.V., www.nutzerfreundlichkeit.de [Stand: 08.01.16]

Ziel sollte es sein, alle Personen so auszuwählen, dass sie in die deklarierte Zielgruppe passen oder zumindest nah an ihr dran sein Nur so kommen aussagekräftigere Ergebnisse zustande.

3.2 Theoretische Forschungsdurchführung

Nachdem ein, für das Forschungsthema passendes, Design gewählt wurde, kann mit der Forschungsdurchführung begonnen werden. Für die Datenerhebung lassen sich drei, in der Sozialforschung verwendete Methoden, wählen, welche im Folgenden erläutert werden. Die Befragung, die Beobachtung und die Inhaltsanalyse. [29]

3.2.1 Befragung

Die Befragung galt lange Zeit als das Standardinstrument in der Empirischen Sozialforschung. Ihr zugrunde liegt die systematisch gesteuerte, direkte Kommunikation zwischen zwei fremden Beteiligten. Die Tatsache, dass sich die beiden Personen fremd sind ist eines von mehreren Merkmalen der Befragung. Außerdem sollte sie planmäßig sein, da sie kein Ziel verfolgt und auch einseitig, da die Befragung nur durch eine Person geleitet wird. Sie lässt sich in die mündliche und die schriftliche Befragung unterteilen.

Mündliche Befragung

Eine mündliche Befragung wird oft auch Interview genannt. Eine Person stellte einer anderen strukturiert Fragen. Während des Interviews kann ein sozialer Kontakt entstehen, der den Befragten möglicherweise dazu motiviert, dem Interviewer verlässliche Informationen zu liefern. Der Einfluss des Interviewers kann aber auch den Befragten dazu verleiten eine ideale und keine ehrliche Antwort zu geben.[30]

---

[29]Vgl. Häder, Michael (2010) S. 187
[30]Vgl. Häder, Michael (2010) S. 188

Schriftliche Befragung

Im Zuge der schriftlichen Befragung werden entweder Fragebogen an die betreffenden Personen gegeben, die sie dann händisch zu beantworten haben oder Fragebogen werden ihnen digital zur Verfügung gestellt. Bei der schriftlichen Befragung ist auf die Gestaltung der Fragen zu achten. Der direkte Einfluss des Interviewers, wie bei der mündlichen Befragung, fällt hier zwar weg, jedoch kann eine bestimmte Formulierung einer Frage den Befragten immernoch zu einer gewünschten Antwort verleiten. [31]

3.2.2 Beobachtung

Die Beobachtung kann auf vielfältige Weise vorgenommen werden. Zum Beispiel ist zu entscheiden ob der Beobachter aktiv in die Beobachtung eingebunden werden soll. In diesem Fall spricht man von einer aktiv-teilnehmenden Beobachtung, andernfalls von einer nicht-teilnehmenden Beobachtung. Des weiteren muss man sich überlegen, ob die betreffende Person vor der Beobachtung darüber informiert werden soll und es so zu einer offenen Beobachtung wird. Wenn die Person nicht informiert wird, handelt es sich um eine verdeckte Beobachtung. Zu guter Letzt ist noch zu klären ob für die Beobachtung speziell geschulte Beobachter eingesetzt werden sollen, wie es üblich für Beobachtungen ist, oder ob das ganze von einem selbst beobachtet werden soll. Letzteres würde unter die Kategorie Selbstbeobachtung fallen.[32]

---

[31]Vgl. Häder, Michael (2010) S. 189
[32]Vgl. Häder, Michael (2010) S. 303 ff

	Teilnahme	Keine Teilnahme	Offen	Verdeckt	Fremdbeobachtung	Selbstbeobachtung
Variante 1	x		x		x	
Variante 2	x		x			x
Variante 3	x			x	x	
Variante 4	x			x		x
Variante 5		x	x		x	
Variante 6		x	x			x
Variante 7		x		x	x	
Variante 8		x		x		x

Abbildung 3.1: Matrixanalyse zur Ermittlung der Beobachtungsvariante[33]

Abb. 3.1 zeigt eine Matrix, in der die soeben erwähnten Aspekte der wissenschaftlichen Beobachtung aufgelistet sind. Die Entscheidung für eine der Varianten bestimmt die Kombination der Parameter.

3.2.3 Inhaltsanalyse

Mittels Inhaltsanalysen lassen sich Kommunikationsinhalte von Texten, Bildern oder Filmen mit Hilfe von vorher festgelegten Indikatoren analysieren. Die Auswahl der Medien ist ebenfalls kein Zufall, sondern wird durch bestimmte Kriterien bestimmt. Die Gesamtheit der erwähnten Indikatoren wird als Kategoriesystem bezeichnet, an das strenge Forderungen gestellt werden. Ein Beispiel einer solchen Forderung ist, dass die Indikatoren voneinander unabhängig sein müssen. Sie dürfen also nicht miteinander in Verbindung stehen.[34]

---

[33]Eigene Darstellung der Matrixanalyse
[34]Vgl. Atteslander, Peter (2003) S. 215 ff

3.3 Forschungsdurchführung in Anlehnung an das Szenario

In Kapitel 3.1 und Kapitel 3.2 wurden das Forschungsdesign und die Forschungsdurchführung in der Theorie erklärt. Nachfolgend findet eine Forschungsdurchführung in Anlehnung an das in Kapitel 1.2 erwähnte Szenario statt. Dazu wird zunächst ein passendes Produkt-Forschungsdesign gewählt. Da es sich bei diesem Produkt um eine Software handelt, werden die folgenden Kriterien für das Forschungsdesign gewählt:

Im Kapitel 3.1.1 wurde bereits, im Rahmen des **deskriptiven Ansatzes**, von der agilen Software-Entwicklung gesprochen, bei der die Gewinnung von Ergebnissen über einen längeren Zeitraum das Ziel ist. Dieser Ansatz erscheint hier als der, für das Forschungsdesign, Passende. Da es sich hier um einen längeren Zeitraum handelt, kann man von einem **dynamischen Forschungsgegenstand sprechen.** Als **Untersuchungstyp** wird eine **Zwischenlösung** gewählt. So können viele Daten erhoben werden, was für den quantitativen Typ spricht. Aber auch Experten können an der Erhebung teilnehmen, was wiederum für den qualtitativen Typ spricht. Da die Erhebung einer Vielzahl von Daten eine höhere Priorität hat, als die Tatsache, dass Experten zu den Befragten zählen, tendiert der Untersuchungstyp mehr in Richtung der quantitativen Methode.

Nach der Wahl des passenden Forschungsdesigns, folgt nun die Wahl der passenden Form der Datenerhebung. Die Entscheidung viel auf die in Abb. 3.1 abgebildete Variante 1 der Beobachtung. Das bedeutet, dass die betreffenden Personen vor der Beobachtung darüber informiert werden, dass sie von einer fremden Person, die nicht an der Beobachtun teilnimmt, beobachtet werden.

Nach Klärung wie die Daten erhoben werden, stellt sich nun die Frage nach der passenden Testumgebung. Viele Unternehmen haben bei sich in der Firma ein Test-Team, das die Software verschieden systematischen Tests in einem Test-Labor unterzieht, um so schematisch auf Fehler zu treffen, welche dann der Software-Abteilung gemeldet werden. Diese kann dann entscheiden, ob es sich wirklich ein Fehler ist und ihn beheben. Das Labor soll dabei so gut wie möglich die natürliche Umgebung simulieren, in der die Software verwendet werden soll. Es werden mehre PCs nebeneinander gestellt, auf denen verschiedene Betriebssysteme laufen und verschiede Einstellungen vorgenommen wurden. Auf allen Geräten wird jedoch dasselbe zu prüfende Produkt installiert. Allen Probanden werden aus einer Aufgaben-Sammlung die gleiche Anzahl, jedoch immer verschiedene Aufgaben gestellt. So besteht die Möglichkeit eine Vielzahl von Aufgaben abzudecken und gleichzeitig besteht die Wahrscheinlichkeit, dass eine Aufgabe von mehreren Personen bearbeitet wird. Gerade wenn das Produkt, wie in diesem Fall, noch nicht auf dem Markt ist und man nicht die Chance hat es im Echtbetrieb zu beobachten, ist diese Form die geeigneteste Lösung.

Zum Schluss ist noch zu klären welche Personen für die Datenerhebung gewählt werden. Hierbei ist darauf zu achten, was für eine Art Software es ist. Ist das Produkt eine Befundungssoftware in einem Krankenhaus, so ist darauf zu achten, dass ein Großteil der Probanden medizinisches Fachwissen mitbringt. Geht es um ein deutsches Krankenhaus, spielt es keine Rolle, ob die Probanden, zur Muttersprache Deutsch, noch eine weitere Sprache sprechen. Möchte das Unternehmen allerdings den internationalen Markt erobern, sollte die Anzahl der Personen, die nur Deutsch sprechen, relativ gering gehalten werden. Da die Ausbildung zur Krankenschwester frühstens nach einem mittleren Bildungsabschluss begonnen werden kann, sollte das Alter der Probanden nicht unter 16 Jahren liegen.[35] Bei der Frage, ob die Probanden EDV-Kenntnisse mitbringen haben sollen, ist zu empfehlen, dass alles abgedeckt wird. Vom absoluten Experten-Wissen bis hin zur völligen Ahnungslosigkeit.

Es empfiehlt sich, die Probanden nach der Beobachtung noch einer kurzen schriftlichen Befragung zu unterziehen, bei der sie auf einem Blatt notieren können, was ihnen an dem Produkt gefallen hat und was nicht. So kann man neben der Beobachtung noch weitere Daten erheben.

---

[35]Vgl. o.V., www.krankenschwesterausbildung.org [Stand: 02.01.16]

4 Zusammenfassende Bewertung

Ziel dieses Assignements war es ein Forschungsprojekt für ein spezielles Szenario aufzusetzen und durchzuführen. Dazu wurden zunächst der Begriff Usability und die Ansprüche an die Usability erklärt. Bei den Ansprüchen bzw. Anforderungen an die Usability wurde gründlich auf die Begriffe Effektivität, Effizienz, Zufriedenheit und Nutzungskontext eingegangen.

Anschließend wurden, im Rahmen der Forschungsplanung, die Optionen für die Wahl eines geeigneten Forschungsdesigns, sowie die Wahl von geeigneten Testpersonen, vereinfacht und übersichtlich dargestellt.

Im nächsten Kapitel wurden die verschiedenen Möglichkeiten der Datenerhebung nacheinander erläutert. Es wurde dabei tiefer auf die Befragung und die Beobachtung eingegangen.

Im letzten Kapitel wurde dann in Anlehnung an das Szenario das passende Forschungsdesign, sowie die passende Form der Datenerhebung gewählt. Beim Forschungsdesign wurde zwar erläutert, warum es sich um den deskriptiven Ansatz und einen dynamischen Forschungsgegestand handelt, bei der Wahl des Untersuchungstyps konnte allerdings nur eine Tendenz ermittelt werden. Bei der anschließenden Wahl der Datenerhebung fiel die Entscheidung auf die Beobachtungsvariante 1 der in Abb. 3.1 dargestellten Matrix. Eine Kombination aus Beobachtung und Befragung wurde aber als die geeignetere Möglichkeit empfunden aussagekräftige Daten zu erheben. DIe Probanden werden nach der Beobachtung noch gebeten an einer schriftlichen Befragung teilzunehmen.

Abschließend ist zu sagen, dass kein geeignetes Forschungsprojekt für dieses Szenario aufgesetzt werden kann. Es wird zwar klar, wie wichtig Software-Usability-Tests sind, allerdings fehlen Informationen über die zu testende Software, um ein passendes Projekt zu definieren.

Um dies zu verdeutlichen wurde im Laufe der Arbeit öfters das Beispiel „Software in der Medizin" erwähnt. Würde es sich um eine Software einer andere Branche handeln, müsste ein anderer Forschungsplan entwickelt werden.

Literaturverzeichnis

[1] Kromrey, Helmut (2009): Empirische Sozialforschung, 12. Auflage, Lucius & Lucius Verlagsgesellschaft, Stuttgart

[2] Haeder, Michael (2010): Empirische Sozialforschung - Eine Einführung, 2., überarbeitete Auflage, VS Verlag für Sozialwissenschaften, Wiesbaden

[3] Atteslander, Peter (2003): Methoden der empirischen Sozialforschung, 10. neu bearbeitete und erweiterte Auflage, Walther de Gruyter GmbH, Berlin

[4] Wolf, Henning; Bleek, Wolf-Gideon (2011): Agile Softwareentwicklung - Werte, Konzepte und Methoden, 2. Auflage dpunkt.verlag, Heidelberg

[5] Heinsen, Sven; Vogt, Petra (Hrsg.) (2003): Usability praktisch umsetzen, 1. Auflage, Carl Hanser Verlag, München

Internetquellen

1   http://www.sphone.de/themen/tethering/[Stand: 13.01.16]

2   www.finanznachrichten.de/nachrichten-2016-03/36725237-bitkom-digitalisierung-bringt-it-branche-2016-weiteres-wachstum-015.htm[Stand: 06.12.16]

3   www.beuth.de/de/seminar/s-403/74391294[Stand: 14.12.16]

4   www.omkt.de/usability/[Stand: 27.12.16]

5   https://www.usability.de/usability-user-experience.html[Stand: 05.01.16]

6   https://www.usability.de/usability-user-experience.html[Stand: 05.01.16]

7   www.mathematik.uni-ulm.de[Stand: 02.01.16]

8   www.wirtschaftslexikon.gabler.de/Definition/benutzerfreundlichkeit.html[Stand: 03.01.16]

9   www.gruendersze.de/lexikon/begriffe/benutzerfreundlichkeit[Stand: 05.01.16]

10 www.wikipedia.org/wiki/EN_ISO_9241[Stand: 05.01.16]

11 www.usability-umsetzen.de/Usability_umsetzen_Vorwort.pdf[Stand: 05.01.16]

12 www.webkrauts.de/artikel/2013/durch-die-brille-des-nutzers-1[Stand: 08.01.16]

13 www.lexikon.stangl.eu/4003/laengsschnittstudie/ [Stand: 08.01.16]

14 www.nutzerfreundlichkeit.de/usability-user-experience-ux/usabilitytesting/ [Stand: 05.01.16]

15 www.krankenschwesterausbildung.org/krankenschwester ausbildung-voraussetzung/[Stand: 10.01.16]

BEI GRIN MACHT SICH IHR WISSEN BEZAHLT

- Wir veröffentlichen Ihre Hausarbeit,
  Bachelor- und Masterarbeit

- Ihr eigenes eBook und Buch -
  weltweit in allen wichtigen Shops

- Verdienen Sie an jedem Verkauf

Jetzt bei www.GRIN.com hochladen
und kostenlos publizieren